AU-DESSUS DES RIMAYES

Quatre plumes unies par la montagne

Véronique Laurence Viala
Pascal Verbaere
Olivier-Gabriel Humbert
Josquin Ciutad

AU-DESSUS DES RIMAYES

Quatre plumes unies par la montagne

Josquin Ciutad

VERTIGES

I. La voix de la montagne

Parfois je sens venir, par le sentier des vents,

Du fond des horizons, dans la brume éternelle,

Comme une messagère alertant les vivants,

Cette voix. Écoutez. La voici. Elle appelle :

« Ô toi qui restes pris dans les sables mouvants

D'un semblant de réel, d'une existence frêle,

Réveille-toi, allons ! Debout ! Prends les devants,

Laisse en ton dos courbé se déployer une aile ;

Ôte tes chaînes, viens ! Viens là, sur mon sentier,

Escalade ma roche et franchis la lisière

Entre le monde vrai et ce monde-poussière :

Là-haut tu seras toi et tu seras entier. »

Ainsi parle la voix et toujours je m'incline,

En montant pas à pas la montagne divine.

II. Le maître des hauteurs

Libre, le bouquetin, habitant du Silence

Sur la pierre un sabot ne laisse pas de traces…

Qui de son ombre a vu les voyages fugaces ?

Tout disparaît soudain lorsque son corps s'élance.

Sa silhouette, en haut, veille avec vigilance,

Et son regard, planant tout comme les rapaces,

Se pose en contrebas, scrutant les autres races,

Mesurant du marcheur le bruit et l'insolence.

C'est qu'il nous craint, en fait, cet être des nuées ;

On vient ; il s'en retourne, en ses nobles contrées,

Quelque chose de nous le fait fuir, lui fait peur…

Que redoutes-tu donc, animal enchanteur ?

« L'Homme qui peu à peu fait de son monde un bagne ;

L'Homme qui boit la mer et brise la montagne. »

III. Lapiaz

Qui va au Fouda Blanc peut voir, dès qu'il approche,
Un pan de la montagne empli de ciselures.
Balafres, sombres trous, étonnantes fêlures,

Ces cicatrices qui ornementent la roche
Ont un nom : les lapiaz. Souvent, petit Gavroche
Des ruelles des monts aux curieuses allures,
J'arpente, solitaire, avide d'aventures,

Ces gouffres sinueux où la mousse s'accroche.
Et puis, sur le retour, je redeviens lucide :
J'abrite des lapiaz, dans mon cœur érodé.

Oui, comme la montagne, il a plus d'une ride,
De tristes défilés où le loup a rôdé…
Mais ce malheur passé, cette arête gravie,
Font le charme des monts et le beau de la vie.

IV. Sur un sentier qu'il connaissait si bien...

Il était dans ces temps insouciants et saints

Où l'on se sent promettre un avenir qui brille ;

Où le destin joueur, de surprises fourmille,

Mais la montagne avait de bien sombres desseins...

Il était, en Chartreuse, allé de bon matin :

Il voulait se calmer d'un conflit de famille.

Ce n'était rien, je crois, vraiment une broutille,

Mais les monts ont parfois des penchants assassins...

Puis aucune nouvelle ! Et depuis plus d'un mois...

La nature prend soin des jeunes jouvenceaux,

Sans doute est-il heureux, ermite au fond d'un bois !

On retrouva son corps, en bas, dans le ruisseau.

Pour un faux pas - un seul - l'âme lui fut ravie.

Un faux pas en montagne, un faux pas dans la vie.

V. Promenades.

Je cheminais en paix par les monts merveilleux.

Elle, d'un pas hardi, me suivait en silence,

De ma marche rapide adoptant la cadence,

Et sous les feuilles d'or, les fées levaient leurs yeux.

Oh ! que d'instants précieux ont brillé en ces lieux !

Que de contes enfouis sous le ruisseau qui danse,

Que de rêves trouvés dans la montagne immense,

Que de trésors glanés pour quand nous serons vieux !

On allait, bras ouverts, rencontrer l'horizon,

Accompagnés du vent, guidés par la lumière,

Du Paradis perdu franchissant la lisière…

Et quand nous rentrions, ensemble, à la maison,

Elle avait dans les mains tout plein de scarabées

Et j'avais dans le cœur plein de douces pensées.

VI. La montagne magique

C'est ailleurs. Aux confins du monde ou bien peut-être
Dans un rêve lointain, un songe fabuleux,
Que j'ai vu les contours de ses sommets brumeux
Se montrer un instant, avant de disparaître.

Et pourtant ! Comme il me semble bien la connaître !
Celle que cachent ainsi les nuages crémeux,
Cette vaste montagne au visage anguleux,
Avec qui je crois bien partager un ancêtre.

Oh oui… Je lui suis lié, cela ne trompe pas :
J'ai sous ma peau fragile une part minérale ;
Et quand je passerai de la vie au trépas,

Bien loin de me changer en quelque forme astrale,
Je serai transmuté en pierre du Méru.
À moins que je ne sois que changé en cailloux !

VII. D'en bas

Oh, comme il est rassurant de voir qu'il existe
Des sommets ! Que ce monde ne se réduit point
À l'En-Bas. Que l'on peut trouver, si l'on insiste,
Quelque chose de beau, d'élevé, tout au loin…

Ainsi c'était en Inde, au Ladakh, sur la piste
Des yacks. Perdus dans la lueur des blocs disjoints,
Nous marchons. Hors du col de Sabu, on assiste
Au tranquille réveil d'un monde sans témoins.

À nous l'élévation, loin de l'horreur des villes ;
L'immense solitude et la douceur des monts,
Les illuminations aux voix inaccessibles,

Le soleil terrassant les plus sombres démons.
Ici l'En-Bas n'est plus qu'un lointain souvenir…
On se repose enfin sous un ciel de saphir.

Photo : *O. G. Humbert*

VIII. Kampas (cavaliers tibétains)

Là, sur les hauts plateaux : des hommes chevauchant
Dans le vent, au galop, au-dessus des nuages.
On entend provenir de ces cavaliers sages
Un son lugubre et grand : la clameur de leur chant.

Brandi près des sommets, le sabre au long tranchant
De ces êtres semblant venir du fond des âges
Émergeant du brouillard, chevaucheurs de mirages,
Dit que leur cœur tranquille est devenu méchant.

Le refuge des monts leur est bien salutaire :
C'est vrai que les soldats ne les dénichent pas ;
Que la Chine craint fort ces cavaliers sherpas…

Ils désiraient la paix, on leur a fait la guerre,
Réveillant en ces cœurs un torrent de colère
Qui sillonne les monts, répandant le trépas.

IX. Sentiers secrets

Qui connaît le vieux cairn du sentier oublié ?

Le bois au monolithe, la falaise lointaine,

La rivière insolite et le Frêne plié

Dont le feuillage d'or brille à l'heure incertaine ?

Quand le calme descend jusque dans les halliers,

Que l'étoffe des nuits couvre l'aube sereine,

Je m'en vais à pas lents, sans bruit, dans le cellier,

Prendre des provisions, enfiler une laine.

Je pars ; seul et tranquille, arpenter la montagne,

Rencontrer tout ce qui vit en dehors de moi,

Ce qui m'habite, aussi, qui toujours m'accompagne

Et que je redécouvre au pied de la paroi.

Le corps en mouvement et l'esprit immobile

J'entends sur les sommets le chant de la Sibylle.

X. Ascension

Je pose un pied léger sur la montagne immense.
Le temps s'est absenté au rendez-vous des monts.
Habitant à présent les vires du Grand Som,
J'ai gagné en secret l'univers du Silence.

Ici, tout est serein, calme, tout danse.
Là, un air apaisant me remplit les poumons.
Je remonte le temps, et comme les saumons,
Regagne l'Origine où la vie est intense.

Je marche sur les monts et je marche en moi-même,
En reprenant le cours d'un voyage éternel
Où les rêves brumeux se mêlent au réel…

Et je m'oublie un peu sous les pas que je sème.
S'oublier : retrouver tout ce qui sort de nous,
Se fondre au Monde-Vrai, quittant le Monde-Fou.

Pascal Verbaere

CAIRN

Harmonie pastorale

Fille des hautes plaines, Fine
Est intriguée. Dans la montagne,
Une lampe. Charmante aubépine,
Infusée d'un cœur sans compagne.

Mythique rencontre

La brebis, égarée dans le labyrinthe
Des temps modernes, croise le loup
Qui n'en demandait pas tant. Étreinte
À mettre le conformisme au clou.

Matons de berger

Au col Agnel, Cesare ne pavoise
Guère. Son patou préféré a mordu
Le dernier de cordée ; piolet malvenu.
Deux gendarmes lui laissent une ardoise.

L'altitude de soi

Petit, va grandir. Des plans sur la crête

Il t'est donné de faire. Ton élan, ne l'arrête

Jamais. La vie est comme une montagne ;

Teste-toi et à tous les coups tu gagnes.

Photo : *P. Verbaere*

Hauts troublés

Les montagnards sont las. Ils se passeraient
Bien de la montée d'adrénaline des gens
De la ville. Leurs objets animés effraient
Le dahu ; l'existence banale, rien de plus rageant.

Au gîte, un couvert

Son cœur d'ici laissé pour mort,
L'homme des neiges abominable
Devient. Le parfum d'un autre corps
Flottera-t-il sur l'aigreur à table ?

Le pâtre au destin sec

Il interroge sa gueule sans jour avec
Et entend le grondement de l'amour
Dans la montagne : *Eh pauvre mec,*
Ta vie est une plaine sans espoir de détour.

Cabanes libres

Ces randonneurs sur les flancs savent
Qu'elles existent. Toutes n'ont pas de poêle,
Mais réchauffés à blanc sont les braves ;
Le piolet rangé, partageons la moelle.

Le faîte n'est pas épargné

Au grand dam de la panthère des neiges
Et du Tesson de soleil, des hommes
Accélèrent le cours des choses. Ils abrègent
La quiétude de la nature et l'assomment.

L'artiste de la caverne

Ça coule de l'ours, le miel
De la vie. Il connaît tous les riffs
Qui s'accordent à la terre comme au ciel ;
Demandons un autographe à sa griffe.

Haute coupure

Elle a donné un coup de canif
Dans son contrat aux baies d'if,
Comme défile en tenue d'Ève
Pour l'alpiniste de ses rêves.

Porté disparu

Se dépouiller de tout pour atteindre
Le sommet, un credo difficile
À tenir, par le prétentieux sourcil
Que l'on accumule au moment d'éteindre.

Le tombereau bascule

N'ayez pas peur, chers enfants de Bonneval,
Le reicheran ne fera pas, ce soir, flèche
De sa charrette. Seule pour vous dévale
La Grande Ourse jusqu'au miroir de la crèche.

reicheran : *sorte de père Fouettard, ce personnage apparaissait durant la nuit de Noël.*
Source : *Les mots pour dire la Savoie, Jean-Marie Jeudy (1946-2021), La Fontaine de Siloé, 2006.*

Visite importune

Que se passe-t-il, l'hiver, au lac des Cerces ?
Les marmottes ont les lèvres qui gercent,
Une meute de loups danse la sarabande
Sur la glace ; brisons là, Fernande.

Le refuge du sale adieu

Un homme n'a plus voix au chapitre ;
La femme, qui n'aura jamais ouvert
Son livre, ferme sans gêne le cercueil :
Priver de noisettes les derniers écureuils.

Dernière levée

La Madeleine a sorti sa plus belle paire
De chaussures à pic. Sur le sentier de droite,
Elle trouve un trèfle et guide, du cœur adroite,
Tout homme que le carrelage désespère.

Véronique Laurence Viala

QUATRE ÉLÉMENTS

eau terre air feu

quatrain carré   pour t'arpenter

à quatre pieds

Photo : *R. Gillouin*

balcons

dans ta gorge plongeante

un souffle m'électrise

Tu

dévales

la montagne

t'ennuages

te gonfles te gonfles

te gonfles te répands

l'Épine devient volcan

borborygme d'écume blanche

chevauchée du garrot à la croupe

tu glisses sur ses flancs dégringolant

à te voir on dirait bouillonner de la neige

puis tu te vautres dans les eaux sombres du lac

peu à peu elles avalent ta chevelure

que reste-t-il de ta cavalcade

quelques mèches de ton panache

éparses évanescences

lambeaux haillons de nues

peluches de vent

évaporées

Ô Farou

farouche

fou

Le feu

Photo : *R. Gillouin*

muraille d'échines

un temps suspendu

à ta lumière

Le mélèze et l'épicéa

Pus haut qu'un vieux mélèze, un jeune épicéa

Se penchait vers l'ancêtre avec condescendance

Le frôlant nonchalant, balançait en cadence

Ses rameaux qui piquaient. Lors le vieux maugréa

- Tu n'es qu'un pin vulgaire

    Un petit prétentieux

    tu joues à la guéguerre

    Cherches des contentieux.

    Arrête !

L'épicéa fâché

Ne voulait rien lâcher :

- Mauviette !

    Tu ne te souviens pas

    Du chêne et du roseau ?

    La vieillesse papa

    Est un pesant fardeau…

    Regarde-toi l'hiver

    Nu comme un vermisseau,

    Quand moi je reste vert,

    Tu frémis, sans manteau.

Le mélèze s'amuse

Et sa réplique fuse

-      Tout doux l'outrecuidant !

Tu oublies un peu vite

Mon rouge flamboyant,

Quand l'automne s'invite.

Je brûle pour longtemps

et ce feu me protège

Suis encor' crépitant

Quand s'approche la neige.

Nous étions en été, sous un soleil cuisant

L'épicéa rougit de la vieille sagesse

Du feu dans son ramage alors sympathisant

A chacun son génie, à chacun ses faiblesses.

Photo : *R. Gillouin*

intact le désir

d'esquisser au fusain

tes lignes de crête

La dent du Chat

la dent du chat
une quenotte perchée
sous l'édredon du ciel
moignon calcanéen
excroissance mignonne
moins berchue la montagne
la dent du chat
attend attend
le passage
d'une petite souris

Les passeurs de cols

autrefois
il passait
son sac à dos pesant
d'une vallée à l'autre
il apportait aux gens
des étoffes, des nouvelles
et dans sa hotte de père-noël
parfois des jouets
de hameau en hameau
son cri rebondissait
on l'entendait
on l'attendait.

on voit à présent
qui traversent les cols
l'hiver
des hommes titubant
ils ont froid ils ont faim
et leurs pieds sont gelés
par morsure de misère
ceux qui passent la frontière
voudraient un peu de pain
dans la vallée
on les attend
les armes au poing

Photo : *R. Gillouin*

parfois les nuées

peuvent faire disparaître

une montagne

C'est un lac naturel

À mon grand-père Etienne Gaudin

C'est un lac naturel tout au pied de l'Épine

Se mirent dans ses eaux des roseaux des hérons

C'est un lac naturel où les saules s'inclinent

Et leur reflet se brouille aux rames d'avirons

Des enfants du pays, les habitants des villes

Viennent s'y rafraîchir à la belle saison

Des amoureux parfois s'en vont flirter sur l'île

La plage est un jardin quand on est sans maison

Lamartine a chanté le plus grand lac de France

Aiguebelette aura toujours ma préférence

Car en place du temps, comme lui suspendu

Un parapente ! Embrassant l'étendue turquoise

Ébloui du couchant au-dessus des ardoises

Il contemple terre eau air et feu confondus

Olivier-Gabriel Humbert

NÉVÉS

1. Sept haïkus pour les hauteurs

monts d'Arrée d'automne -
pierre posée au sommet
contre l'érosion

col pyrénéen -
ma chaussure usée se troue
dans tant de lacets

chaleur de juillet -
le volcan d'Auvergne danse
au-dessus des arbres

sommets de granite -
une douleur silencieuse
sculpte son visage

journée du sourire -
Lune de mauvaise humeur
dans l'eau du glacier

l'eau du lac dégèle -
un banc de poissons se love
entre deux sommets

grand Ballon des Vosges -
un enfant gronde son père
shootant dans les fleurs

2. Cinq tankas vers les sommets

Sur les Pyrénées
le Soleil levant colore
les cols et les cimes
refuser de les gravir
pour les contempler ensemble

Est-ce le sommet
au-dessus de tous ces nuages
ou un autre nuage ?
passe un souvenir de toi
que je ne peux retenir

Naissance de l'aube
nous partons escalader
le rose et l'orange
une douleur au genou
décolore notre périple

Des rires d'enfants
de beurre et de boutons d'or
au chalet d'alpage
ton visage s'illumine
d'un peu de miel dans ton thé

Derrière la branche
du cerisier aux fleurs roses
la neige des cimes
mes yeux passent d'un à l'autre
et s'arrêtent sur les tiens

3. Quatre carrés royaux, entre mer et montagne

Montagnes ou Bretagne

Entre océan et montagnes,

Corps et cœurs sont en conflit :

Près des massifs m'accompagne

Ce désir non accompli

De baignade et de roulis,

Dans la fraîche eau de Bretagne,

Le manque de sommets gagne…

La Dune du Pilat

Sur la dune du Pilat,

Surprise de février,

Un léger surmatelas

Posé pour la magnifier,

Donne envie de godiller :

Ils font vite, il fond déjà

Ce sont les seuls à skier…

Les chaussures usées

La paire usée de chaussures,

Perdue au fond d'un carton

Et pleine de moisissure

Qui vit la Corse et ses Monts,

La plage de Fort-Mahon

Et bien trop de salissures :

La jeter, serait blessure…

L'océan pour finir

L'amoureux des hautes cimes,

Vivait au pied des géants,

Loin des côtes maritimes :

Ses cendres dans l'océan

Ont surpris l'amie intime,

Les proches condoléants...

Mais c'était son vœu ultime...

4. Quatre quahaïkutrains sur les pentes

Sur les sentes ravinées
Dans l'œil gauche une mouchette

Où sont les marmottes ?
Cinq heures de randonnées
Pour une affichette !

Et si la super cagnotte
M'élisait cette journée ?

Sa femme ne sait pourquoi
Il court loin des télésièges

Une envie pressante -
Écrire encore une fois
Son nom dans la neige

Situation embarrassante
Les spectateurs étaient trois

Avec moi-même en conflit
Je cherche mon calumet

ils viennent vers nous
les pappus des pissenlits -
lac sous les sommets

Un triton vers mon genou
Et le monde s'embellit

Sous le col du Galibier
Soudain un chemin m'aspire

Soleil de juillet -
Un arbre isolé admire
La forêt plus bas

Je m'arrête pour écrire
C'est un besoin : nul débat.

5. Cinq sabliers des massifs pour cinq sens

Des instants d'avant

En famille :

Vosges…

Un parfum,

M'y fait repartir…

Sensations d'enfance,

Entre deux

Doigts,

Retrouvée :

Un drap du chalet.

Les plateaux du Haut-Jura

Donnaient le fromage

De jeunesse :

Bleu…

Aujourd'hui

Une autre origine :

Causses du Massif central.

Infini de l'horizon

De son océan

Sans limite

Fui

Par amour

D'une Savoyarde :

Les sommets sont des prisons…

L'été nous partions vers les hauteurs :

Un festival de musique,

De piano surtout

Et de chant.

Alpes !

Vibrations

D'une découverte

Qui nous manquent maintenant.

Réservons des places et un gîte !

6. Contrerimes

Sommets où je cherche mes inspirations
Souffrant dans les pas de celle
Que je suis et pour qui semblent naturelles
Toutes nos explorations,

Exigeants sont vos chemins pour mes genoux,
Mais vos points de vue, toujours,
Nourrissent les appétits des troubadours
Et des amants comme nous :

Nous écoutons les chants des eaux, les étés,
Le silence, les hivers :
Bientôt ces voix seront transcrites en vers
Avec grande humilité.

7. L'alpiniste, accelerando

Elle est l'alpiniste disparue devenue fée des montagnes :

Vers les sommets ou les crêtes,
Logeant plus haut que l'ombrée et la soulane,
Restant au-dessus de l'ubac ou l'adret
Son essence nous observe.

Elle est l'alpiniste disparue devenue fée des montagnes.

En direction du thalweg
Elle souffle des poèmes
Pour modifier la perception des humains

Elle est l'alpiniste disparue devenue fée des montagnes,

Son chant glisse jusqu'aux villes
Va jusqu'à la pointe des grands bâtiments .

Elle est l'alpiniste disparue devenue fée des montagnes

Qui dit de vivre et prendre soin de la Vie

Elle est l'alpiniste disparue devenue fée des montagnes...

8. Ghazal de montagne

Chaque jour mes pas veulent m'emmener près de la montagne,
Chaque nuit mes rêves me font flâner près de la montagne.

C'est plus qu'un fort désir pratiquement un besoin
Chaque semaine il vient planer près de la montagne.

Son envie de créer s'amplifie puis la submerge
Elle désire crayonner près de la montagne.

Le wagon s'arrête aux pieds des sommets préférés :
Il part méditer et jeûner près de la montagne.

Fondue, crozets, tartiflette ou gâteau de Savoie
Ils apprécient un déjeuner près de la montagne.

Un couple d'amoureux repart vers sa cité grise :
Il semble bien qu'il va bruiner près de la montagne.

Lorsque la vie perd sa lumière et va de travers,
Elles veulent s'oxygéner près de la montagne.

Elle écoute le chant mi-marmottes mi-clarines
Lorsqu'ils viennent se promener près de la montagne.

Deux êtres se sont connus dans ce petit village :
Ils sont revenus frissonner près de la montagne.

S'il songe souvent à une marche dans l'estran,
Le poète vient griffonner près de la montagne.

9. Fourmis rousses, randonneurs bavards, suite de pantouns

Quand la colonie commence à s'égailler
Elles sont nombreuses, peut-on dire combien ?
Trois cents kilomètres pour les égayer :
Lorsqu'on aime les Vosges, on y revient !

Des dômes d'aiguilles de sapin séchées
Sont bâtis par les fourmis rousses des bois.
Les randonneurs suivent les panneaux fléchés
Et montent sur les sentiers vosgiens étroits.

Le miellat excrété par les pucerons
Charme les hyménoptères caresseurs.
Ils ont laissé la voiture et le goudron
Pour un massif aux névés ensorceleurs.

Allant en files indiennes vers l'ailleurs,
Elles partent vers leur prochaine pitance.
Ils sont quatre à marcher pendant plusieurs heures,
Mais parlent beaucoup plus vite qu'ils avancent.

Les hexapodes des bois marchent au pas
En portant la nourriture en quantité.
Ils s'arrêtent pour partager un repas,
Du pain, du munster-géromé et du thé.

Quelques fourmis de deux colonies se croisent :
Leurs plaies sont arrosées avec de l'acide.
Ils traversent la sylve qui se reboise
Glissent un peu dans un raidillon humide.

Régulant les espèces de ravageurs,
Ces formicidés veillent sur tous les arbres.
Ils quittent les chênes, les pins sans ardeur :
La beauté des villes les laisse de marbre.

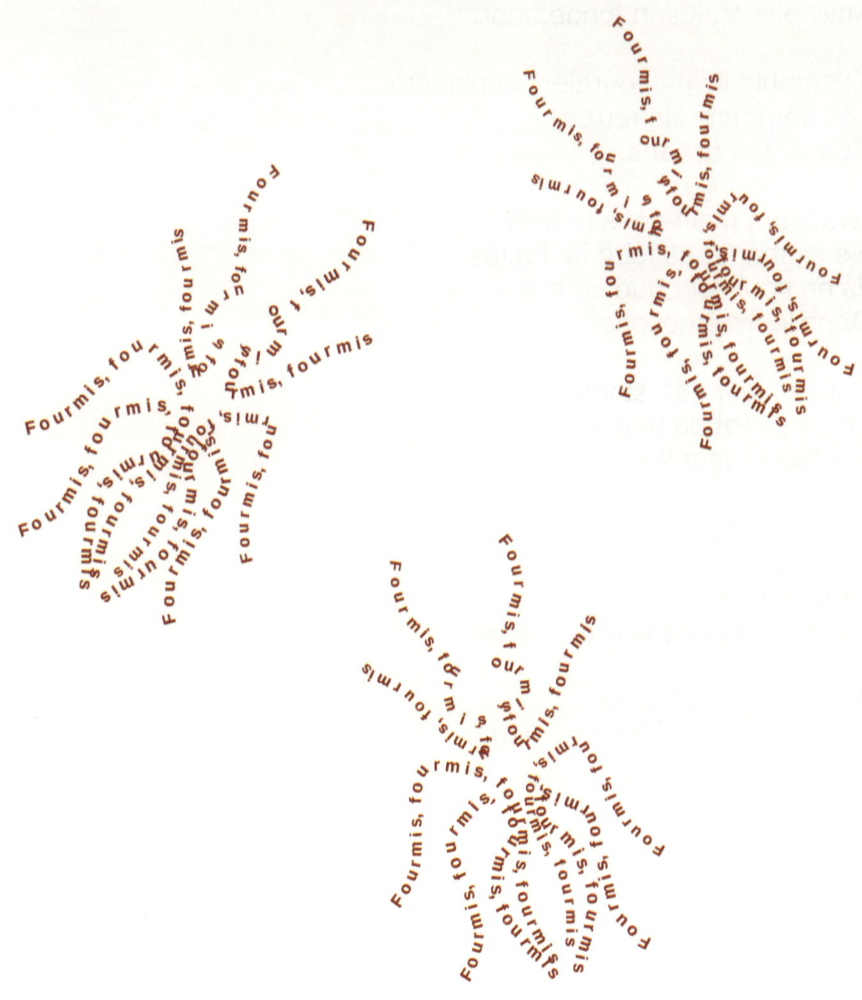

10. Les névés, pythagoricien

Elle était sa neige,
Il était sa montagne.
Il était sa protection,
Mais elle était son fondement.

Ensemble ils parcouraient la planète,
Les sommets les terres,
Et tous les océans.

Avançant main dans la main,
Ne sachant pas faire de haltes
Ils ne voulaient que se mélanger
Dans leurs émotions.

Puis un jour détestable,
Le couperet du malheur
Sectionna leur lien sans pareil…

Et la divinité bicéphale,
Ne fût plus qu'un homme,
Individu perdu
Dans un monde achromatique.

Il décida de se poser,
D'acheter un chalet pour écrire
Et tenter de vivre.

Depuis il poétise,
De textes plus ou moins longs
Qui ont un unique sujet :
Ce sont des névés de son aimée.

Photo : O. G. Humbert

Les poètes de ce recueil

Véronique Laurence Viala

Véronique Laurence Viala est professeure de lettres dans un collège entouré de montagnes, non loin du lac d'Aiguebelette. Elle écrit depuis longtemps des textes poétiques (haikus, pantouns, vers libres), dont certains ont été publiés dans des revues ou des recueils collectifs.

Dans le cadre d'un projet de sensibilisation au parcours des exilés, elle a participé à l'écriture d'une pièce de théâtre « Heureux qui comme Ulysse » avec Jean Derive.

Elle a écrit des nouvelles pour lesquelles elle a remporté plusieurs prix. On peut lire certaines d'entre elles dans le recueil "De fil en aiguilles", édité également chez BOD.

Pascal Verbaere

Pascal Verbaere est un tout jeune retraité et ancien professeur documentaliste, entouré de livres qu'il essayait de faire vivre à ses élèves. Il trouve le temps et l'inspiration dans sa vie d'écrire de la poésie narrative. Ses poèmes sont personnels, mais il aime penser que les traces du pays de son cœur peuvent être relevées par le monde. Plusieurs de ses recueils ont été publiés chez Books on Demand : Du sentiment à perdre, Une torche allumée au cœur des crocs, Les reproches n'éloignent pas, Renversement de tendance, La Vague des hiers (où il reprend des poèmes inspirés dans l'ombre par l'actrice Valérie Kaprisky). Le sel des chagrins d'amour nourrit sa plume comme l'eau claire les parcours qu'il veut encore faire à vélo dans les cols de Savoie. Il n'oublie pas ses études de droit et reste attaché à la France. Le blog Pascaloup de Savoie, qu'il tient depuis 2011, donne aussi des branches à ses racines : l'enfance, la famille, les valeurs républicaines, la beauté du sport, les traditions.

Josquin Ciutad

Formé à l'Art du conte par Michel Hindenoch à L'Atelier à Histoires, Josquin Ciutad est professeur certifié d'Histoire-Géographie-EMC depuis plus de 13 ans. Toujours rattaché à cet univers, il explore d'autres facettes de la transmission à travers ses spectacles de contes de fées qu'il associe à une pratique musicale particulière, créatrice de paysages et génératrice d'envoûtements, et où il déclame des poèmes de tout horizon.

Son expression artistique touche à des domaines variés tels que la littérature (poésie, fictions historiques, romans contemporains…) ou la musique (piano, mélodica, merlin, charango, harmonium indien, guitare, percussions…). Il puise son inspiration dans la contemplation de la nature ainsi que dans l'inépuisable trésor des traditions humaines issues des anciens temps et des contrées lointaines.

Site : www.josquin-ciutad.fr/

Olivier-Gabriel Humbert

Poète jusqu'à 25 ans, puis poète et peintre, Olivier-Gabriel Humbert est redevenu uniquement poète depuis quelques années.

Il a obtenu plusieurs prix lors de concours de poésie et ses poèmes sont régulièrement publiés dans des revues (haïkus, tankas, pantouns et autres) en France et à l'étranger. Ouvert aux formes poétiques de tous lieux et de toutes périodes, il aime aussi à en créer de nouvelles.

Auteur de six livres, de centaines de publications dans les revues ou recueils collectifs, il est directeur de publication de la revue poétique 1PPECQ (1 Poème Polychrome En Code QR) et le responsable du concours de poésie du festival de harpes : Festiv'harpes.

Olivier-Gabriel Humbert est également enseignant.

Site : www.oliviergabrielhumbert.com

Photos de couverture : *O. G. Humbert*